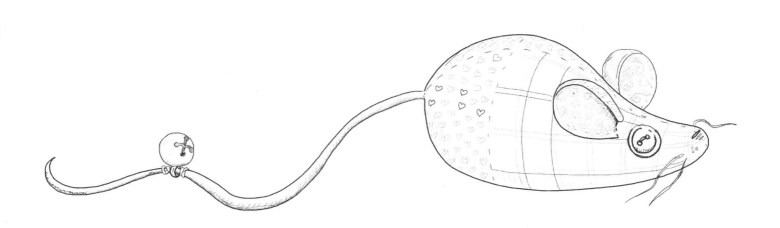

Para mis nietos Lucas,
Manny, Ben, Josie y Oliver
con todo mi amor, Abue

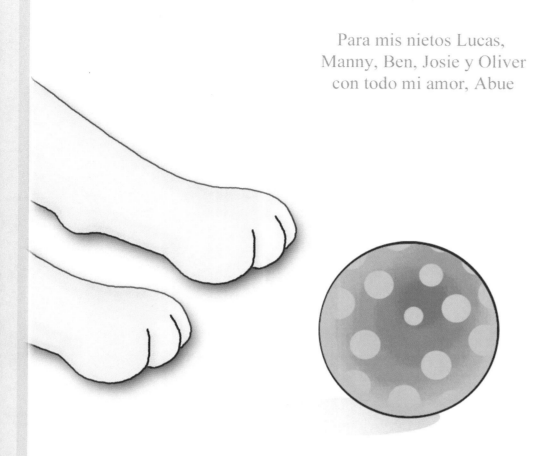

Abu, Diego, Rol, Santo,
chiquitibum a la bim bom ba
los amo a todos, ra ra ra!!.Adry

They came home with a bundle

Llegaron a casa
con un bulto

Escrito por Maria de Lourdes Victoria

Ilustrado por Adriana Morales Marín

They came home with a bundle,
a wiggling, smelly bundle,
a very noisy bundle.

Llegaron a casa con un bulto,
un bulto tembleque,
apestoso y muy ruidoso.

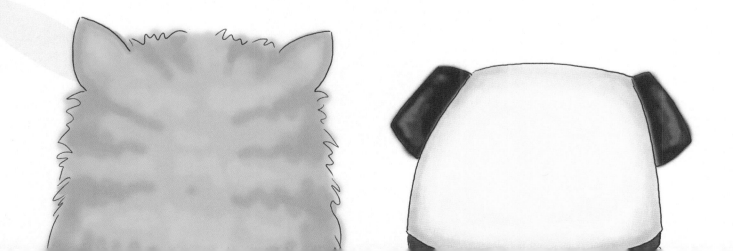

I meowed as loud as I could.

Maullé tan fuerte como pude.

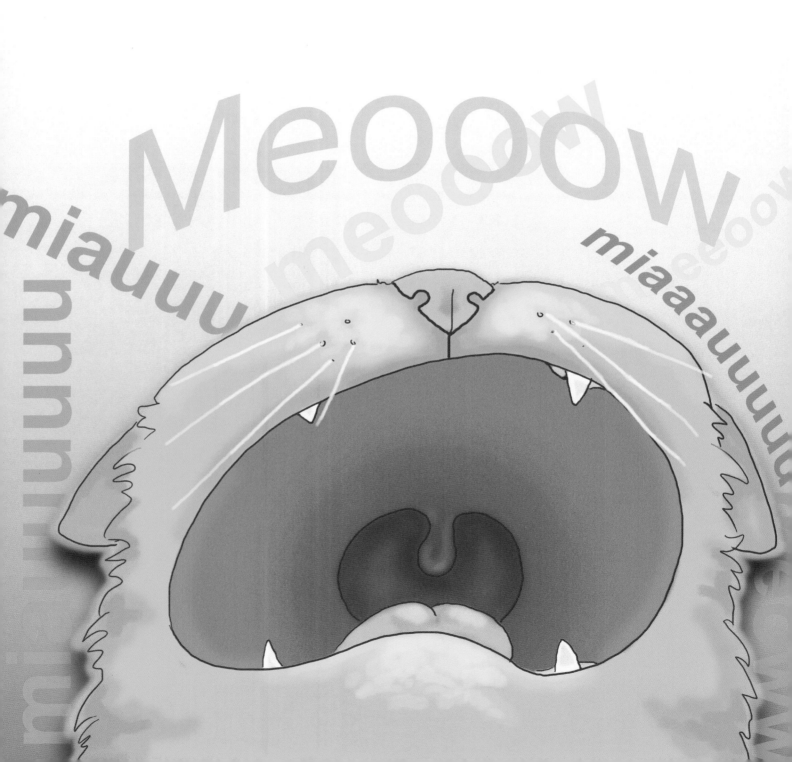

Lilly barked as loud as she could.

Lilly ladró tan fuerte como pudo.

"HUSH!" They said,
while they fussed over the bundle.

¡SILENCIO!
Dijeron ellos,
mientras apapachaban
al bulto.

So I climbed on the kitchen
counter and ate the meatloaf.

Fui directo a la cocina y
me comí el pastel de carne.

Lilly chewed on a shoe.

Lilly mordisqueó un zapato.

"BAD!" They said,
while they kissed the bundle.

¡MALOS! Dijeron ellos,
mientras besaban al bulto.

I jumped on the crib and sat on the blanket.

Brinqué a la cuna y me senté en la frazada.

Lilly climbed on the crib and scratched her fleas.

Lilly se subió a la cuna y se rascó las pulgas.

"OUT!" They said,
and they threw us outside!

¡FUERA! Dijeron ellos,
¡y nos echaron de casa!

"THE BUNDLE MUST GO!" I meowed.

¡ESE BULTO TENDRÁ QUE IRSE! maullé.

"OUT WITH THE BUNDLE!" Lilly barked.

¡A LA PORRA CON EL BULTO! ladró Lilly.

… and we shook paws.

…y estrechamos patas.

Late at night, we sneaked into the bundle's room.

I sharpened my pointy claws.

Esa noche, nos metimos sigilosos al cuarto del bulto.

Afilé mis garras puntiagudas.

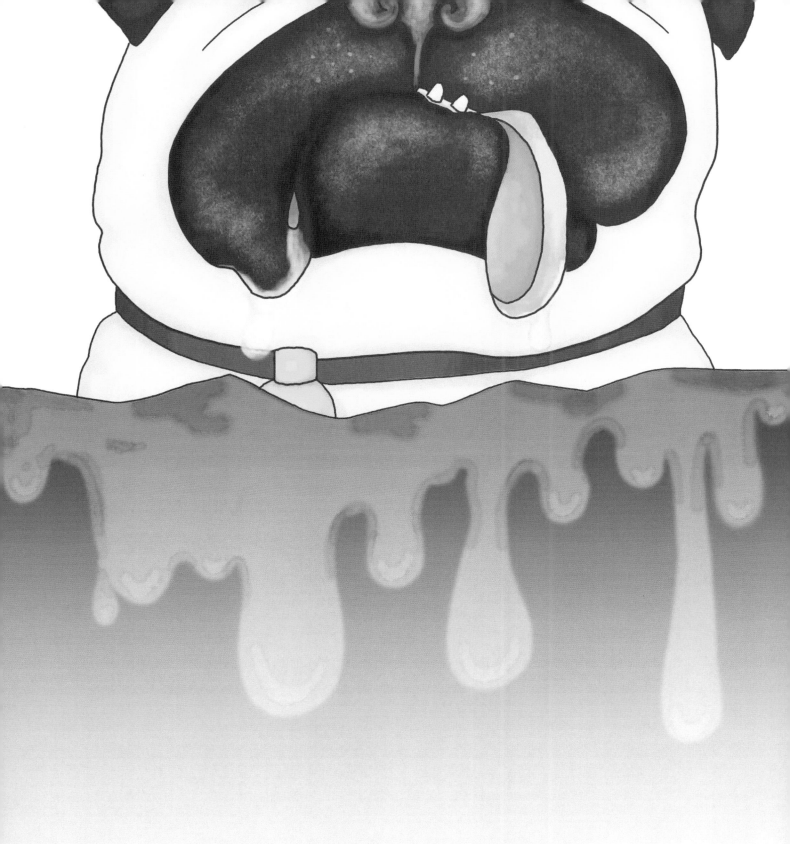

Lilly smacked her slobbery jaws.

Lilly chasqueó sus mandíbulas babosas.

We pulled off the blanket and SAW…

Jalamos la manta y VIMOS…

A sweet sleeping BABY!

¡Un lindo BEBÉ durmiendo!

Then I thought about children with sticky hands to lick…

De pronto pensé en niños con manos pegajosas
que se dejan lamer …

And Lilly thought about children with balls to pitch…

Y Lilly pensó en niños con pelotas que hay que cachar…

So we laid down and guarded the bundle,
dreaming of boys and girls with pockets full of treats.

Entonces nos acostamos a cuidar al bulto,
y a soñar con niños y niñas con bolsillos llenos de golosinas.

Vocabulario Vocabulary

1&2

Llegar	Arrive
Casa	Home
Bulto	Bundle
Tembleque	Wiggly
Apestoso	Smelly
Ruidoso	Noisy

3&4

Maullé	I meowed
Fuerte	Laud
Ladró	Barked

7&8

Fui	I went
Cocina	Kitchen
Me comí	I ate
Pastel de carne	Meatloaf
Mordisqueó	She bit
Zapato	Shoe

5&6

Silencio	Silence
Apapachar	Snuggle

9&10

Malos	Bad (in plural)
Dijeron ellos	They said
Mientras	While
Besaban	Kissed

11&12

Me subí	I climbed up
Cuna	Crib
Me senté	I sat down
Rascó	Scratched
Pulgas	Fleas

13&14

¡FUERA!	¡OUT!
Nos echaron	Kicked us out

15&16

Tendrá que irse	Must go
¡A la porra!	Out with it!
Estrechar	To shake

17&18

Noche	Night
Cuarto	Room
Garras	Claws
Mandíbulas	Jaws
Babosas	Slobbery

19&20

Jalar	To pull
Manta	Blanket
Vimos	Saw

21&22

Bebé	Baby

23&24

De pronto	Suddenly
Niños	Kids / Children
Manos	Hands
Pegajosas	Sticky
Lamer	Lick
Pensó	Thought
Pelotas	Balls
Aventar	To throw
Cachar	To catch

25&26

Acostar	Laid down
Cuidar	To watch / to guard
Soñar	To dream
Bolsillos	Pockets
Golosinas	Treats

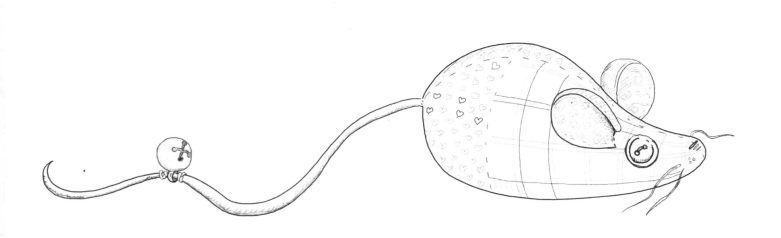

Made in the USA
Columbia, SC
15 August 2017